Чемпионы мира по шахматам

Dr. Robert H. Stauffer Jr.

Published by Robert Stauffer, 2024.

ЧЕМПИОНЫ МИРА ПО ШАХМАТАМ

First edition. November 28, 2024.

ISBN: 979-8230974505

Written by Dr. Robert H. Stauffer Jr..

Содержание

Вильгельм Стейниц, чемпион мира по шахматам с 1886 по 1894 год.

Вильгельм Стейниц, родившийся 17 мая 1836 года в Праге (тогда входившей в состав Австрийской империи), широко известен как первый официальный чемпион мира по шахматам. Он носил этот титул с 1886 по 1894 год. Стейниц считается одной из самых влиятельных фигур в истории шахмат, особенно за его вклад в развитие современной шахматной стратегии.

Подход Стейница к шахматам делал упор на позиционную игру, уделяя особое внимание важности небольших, постепенных преимуществ, а не немедленных тактических атак. Это ознаменовало значительный отход от агрессивного комбинационного стиля, который доминировал в шахматах до него. Его идеи заложили основу для многих принципов, которые до сих пор являются центральными в шахматах, таких как важность пешечной структуры, значение центра и ценность защиты, а также нападения. Стейниц выиграл первый официальный чемпионат мира по шахматам в 1886 год, победив Йоханнеса Цукерторта в матче, проходившем в США. Он несколько раз успешно защищал свой титул, в том числе против Михаила Чигорина и Исидора Гунсберга, прежде чем в конечном итоге уступил его Эмануэлю Ласкеру в 1894 году.

Наследие Стейница – это не только звание чемпиона мира, но и пионера теории шахмат. Его учения и статьи об игре оказали длительное влияние, оказав влияние на поколения шахматистов и сформировав способ игры на самых высоких уровнях.

Одной из самых знаменитых партий Вильгельма Стейница является его победа над Куртом фон Барделебеном на Международном шахматном турнире в Гастингсе в 1895 году. Эту партию часто называют шедевром позиционной и комбинационной игры, демонстрируя глубокое понимание Стейницем шахматных принципов. Особенно известна финальная комбинация в игре, где Стейниц жертвует ферзем, чтобы поставить мат, состоящий из нескольких тихих ходов.

Стейниц против фон Барделебена, Гастингс, 1895 г.

Белый: Вильгельм Стейниц

Черный: Курт фон Барделебен **Открытие**: Итальянская игра (ECO C53)

1. e4 e5
2. Kf3 Kc6
3. Bc4 Bc5
4. c3 Фе7
5. O-O d6
6. d4 Cb6
7. a4 a6
8. a5 6a7
9. H3NF6
10. Ле1 h6
11. Be3 O-O
12. Kbd2 Фd8
13. Фс2 exd4

14. Cxd4 d5
15. exd5 Kxd5
16. Фb3 Kce7
17. Ke4 c6
18. Cxh6 gxh6
19. Kf6+ Kpg7
20. Kh5+ Kph8
21. Фc1 Kg8
22. Ra3 Bb8
23. Ke5 Фg5
24. Kf4 Kxf4
25. Лg3 Фf6
26. Фxf4 Cxe5
27. dxe5 Фe7
28. Ри3 Ce6
29. Лxg8+ Kpxg8
30. Фxh6 Cg4
31. Фg6+ Kph8
32. Qh7#

1-0

Ключевые моменты и стратегия:

1. **Начальная фаза**: Игра начинается с Итальянской партии, популярного дебюта во времена Стейница. Оба игрока естественным образом развивают свои фигуры, а Стейниц стремится контролировать центр и подготовить почву для стратегической битвы.
2. **Создание напряжения**: Стейниц постепенно наращивает давление серией тихих, но целенаправленных движений.

Его 15-й ход, exd5, является ключевым моментом, поскольку он открывает линию е и создает возможности для активности фигур.
Маневрирование Стейница демонстрирует его глубокое понимание позиционной игры, поскольку он терпеливо улучшает свою позицию.

1. **Тактический взрыв**: Игра принимает драматический поворот после 18. Bxh6, блестящей тактической жертвы, которая готовит почву для яростной атаки на короля фон Барделебена. Комбинация Стейница рассчитана точно, вынуждая черных занять оборонительную позицию.
2. **Последняя комбинация**: Самая известная часть игры – финальная комбинация, начинающаяся с 22.Ra3. Стейниц выводит ладью в атаку весьма необычным путем, демонстрируя свою креативность и глубокий расчет. Последние ходы, завершившиеся ходом 32. Qh7#, ставят красивый мат, который не оставляет фон Барделебену никаких вариантов.
3. **Впечатляющее заключение**: Легенда гласит, что фон Барделебен, поняв, что ему вот-вот поставят блестящий мат, покинул доску, не подавая в отставку, позволив своим часам истечь, вместо того, чтобы столкнуться с неизбежным поражением.

Важность игры:

● **Классический Стейниц**: Эта партия является прекрасной иллюстрацией подхода Стейница к шахматам. Он сочетает стратегическое планирование с глубоким пониманием тактики, что приводит к гармоничной и разрушительной атаке. Игра демонстрирует его способность переходить от позиционной игры к мощной, рассчитанной атаке.

- **Влиятельная тактика**: Тактическая последовательность, начинающаяся с 18. Bxh6, изучается и восхищается уже более века. Он показывает, как Стейниц мог находить тактические возможности на, казалось бы, спокойных позициях, превращая стратегическое преимущество в решающую атаку.

- **Наследие**: эта игра часто включается в сборники величайших шахматных партий, когда-либо сыгранных, и ее изучают игроки, стремящиеся понять принципы атаки и позиционной игры. Эта партия является свидетельством гениальности Стейница и остается одной из самых запоминающихся партий в истории шахмат.

Эту победу в Гастингсе часто считают лучшей игрой Стейница и она является ярким примером того, почему его так ценят.считался одним из величайших шахматных умов всех времен.

Эмануэль Ласкер, чемпион мира по шахматам 1894–1921 гг.

Эмануэль Ласкер, родившийся 24 декабря 1868 года в Берлинхене, Пруссия (ныне Барлинек, Польша), был вторым официальным чемпионом мира по шахматам и одним из величайших шахматистов всех времен. Он удерживал титул чемпиона мира по шахматам в течение беспрецедентных 27 лет, с 1894 по 1921 год, что сделало его самым продолжительным чемпионом мира в истории шахмат.

Ласкер был не только шахматистом, но и математиком, философом и писателем. Его подход к шахматам был глубоко психологическим, и он был известен своей способностью адаптировать свой стиль, чтобы использовать слабости своих противников. В отличие от своего предшественника Вильгельма Стейница, который подчеркивал строгое соблюдение позиционных принципов, Ласкер был более прагматичным и гибким в своей игре, часто делая ходы, которые озадачивали его противников, но в конечном итоге оказывались эффективными.

Ключевые достижения:

- **Чемпион мира по шахматам**: Ласкер выиграл титул в 1894 году, победив Вильгельма Стейница. Он успешно защитил свой титул в нескольких матчах против таких выдающихся игроков, как Фрэнк Маршалл, Зигберт Тарраш, Карл Шлехтер и Давид Яновский.

- **Математика**: Ласкер также был уважаемым математиком. Он получил докторскую степень по математике и внес вклад в эту область, в том числе работал над теорией игр, алгеброй и теоремой Ласкера-Нётер в коммутативной алгебре.

- **Философия и письмо**: Ласкер много писал о шахматах, математике и философии. Его книга *«Руководство Ласкера по шахматам»*. до сих пор считается классикой шахматной литературы.

Стиль игры Ласкера:

Стиль Ласкера отличался умением усложнять позиции и создавать проблемы противникам. Он был известен своим упорством и стойкостью, часто преуспевая на трудных позициях. Его психологическая проницательность позволяла ему выбивать из колеи даже самых сильных противников, и он был мастером техники эндшпиля.

Более поздние годы:

В конце концов Ласкер проиграл титул чемпиона мира по шахматам Хосе Раулю Капабланке в 1921 году в матче, проходившем в Гаване, Куба. Потеряв титул, Ласкер продолжал активно заниматься шахматами и долгие годы продолжал выступать на высоком уровне. Он даже выиграл престижный турнир в Нью-Йорке 1924 года, опередив Капабланку и Александра Алехина.

Вклад Ласкера в шахматы вышел за рамки его игровой карьеры. Его помнят не только как чемпиона, но и как мыслителя и новатора, обогатившего интеллектуальную глубину игры. Эмануэль Ласкер скончался 11 января 1941 года в Нью-Йорке, оставив после себя неизгладимое наследие в мире шахмат.

Одной из самых известных и блестящих партий Эмануэля Ласкера является его победа над Хосе Раулем Капабланкой на турнире в Санкт-Петербурге в 1914 году. Эта партия особенно примечательна тем, что Капабланка был известен своей почти непобедимой техникой эндшпиля и твердым, почти непробиваемым стилем игры. Однако в этой партии Ласкер сумел переиграть его в очень стратегическом и сложном миттельшпиле.

Ласкер против. Капабланка, Св. Петербург 1914 г.

Белый: Эмануэль Ласкер

Черный: Хосе Рауль Капабланка

1. д4 д5
2. c4 e6
3. Kc3 Kf6
4. Cg5 Kbd7
5. e3 c6
6. Kf3 Фa5
7. Kd2 Cb4
8. Фc2 O-O
9. Ce2 e5
10. O-O exd4
11. Kb3 Фd8
12. exd4 dxc4
13. Cxc4 Kb6
14. Bd3 h6
15. Ch4 Лe8
16. Rae1 Be6
17. Kc5 Cxc5
18. dxc5 Kbd7
19. Ke4 Фa5
20. a3 nxe4
21. Лxe4 Фxc5
22. Фe2 Kf8
23. Лe1 a5
24. Лe5 Фd4
25. Лe4 Фd7
26. Фe3 f5

27. Λe5 Kg6
28. Λxe6 Λxe6
29. Cc4 Kf8
30. Φb3 Λe8
31. f4 Kph8
32. Λxe6 Kxe6
33. Cxe6 Λxe6
34. Φxe6 Φd4+
35. Cf2 Φd1+
36. Be1 Φd4+
37. Kph1 Φxf4
38. кг1 a4
39. h3 Φd4+
40. Kpf1 Φd3+
41. Φe2 Φb1+
42. Kpf2 Kph7
43. Cc3 f4
44. Φe5 Φc2+
45. Kpf3 Φd3+
46. Kpxf4 Φf1+
47. Kpe3 Φxg2
48. Φf5+ Kpg8
49. Φg4 Φxg4
50. hxg4 Kpf7
51. Kpf4 g6
52. Kpe4 h5
53. g5 Kpe6
54. Kpf4 Kpd5
55. Kpe3 Kpc4
56. Kpe4 h4
57. Be1 h3
58. Cg3 Kpb3

59. Ce5 b5
60. Kpd4 c5+
61. Kpxc5 Kpc2
62. Kpxb5 Kpd3
63. Kpxa4 Kpe4
64. Ch2 Kpf5
65. Kpb5 Kpxg5
66. a4 Kpg4
67. a5 Kpf3
68. a6 Kpg2
69. Cd6 g5
70. a7 g4
71. a8=Ф+

1-0

Ключевые моменты и стратегия:

1. **Дебют и ранняя миттельшпиль**: Игра началась с отклоненного ферзевого гамбита, в котором Ласкер играл уверенно и развивал свои фигуры с прицелом на борьбу в миттельшпиле. Оба игрока готовились к напряженной и стратегической битве.
2. **Позиционный обмен**: Ласкер пожертвовал пешку в миттельшпиле (22-й ход), чтобы повысить активность своих фигур. Это позволило ему усилить давление на позицию Капабланки, защищать которую становилось все труднее.
3. **Центральный контроль и атака**: Ласкер использовал свой центральный контроль, чтобы начать атаку, кульминацией которой стало мощное наступление на королевском фланге, которое сокрушило оборону Капабланки.
4. **Точность в эндшпиле**: Несмотря на, казалось бы,

сбалансированный эндшпиль, Ласкер сумел переиграть Капабланку точными и тонкими ходами, продемонстрировав превосходное понимание позиции.

Важность игры:

- **Психологическое мастерство**: Эту партию часто называют примером психологического подхода Ласкера к шахматам. Его игра вынудила Капабланку выйти из зоны комфорта, что привело к нетипичным ошибкам кубинского гения.

- **Позиционное понимание**: Способность Ласкера создавать сложности, а затем спокойно преодолевать их, проявляется в полной мере. Его жертва качества была особенно поучительна, показывая его глубокое понимание динамических дисбалансов.

Эта победа имела решающее значение в карьере Ласкера, и ее часто изучают как модель стратегических и психологических шахмат. Эта партия является не только свидетельством шахматного мастерства Ласкера, но и его способности победить Капабланку, одного из величайших игроков всех времен.

Хосе Рауль Капабланка Чемпион мира по шахматам 1921–1927 гг.

Хосе Рауль Капабланка, родившийся 19 ноября 1888 года в Гаване, Куба, был третьим официальным чемпионом мира по шахматам и одним из величайших шахматистов в истории. Капабланку, известного своими исключительными навыками в эндшпиле, ясностью игры и почти непобедимым характером, часто называли «шахматной машиной» из-за его плавной, почти безошибочной игры.

Ключевые достижения:

- **Чемпион мира по шахматам**: Капабланка выиграл чемпионат мира по шахматам в 1921 году, победив Эмануэля Ласкера в Гаване. Он удерживал этот титул до 1927 года.

- **Непобежденная серия**: Капабланка был известен своей длинной беспроигрышной серией, которая длилась с 1916 по 1924 год. За этот период он сыграл 63 партии без поражений, что является выдающимся достижением в шахматном мире.

- **Мастер эндшпиля**: Техника эндшпиля Капабланки изучается и сегодня. Его способность превращать небольшое преимущество в победы была непревзойденной, и многие из его эндшпилей считаются шедеврами.

- **Шахматное письмо**: Капабланка был также опытным шахматным писателем. Его книга *«Основы шахмат»*. Впервые опубликованная в 1921 году, она до сих пор считается одним из лучших вводных книг по шахматной стратегии и тактике, подходящим как для начинающих, так и для опытных игроков.

Стиль игры:

Стиль Капабланки отличался простотой и эффективностью. Он предпочитал ясные, логичные позиции, в которых могло проявиться его превосходное понимание игры. В отличие от многих своих современников, участвовавших в сложных тактических боях, Капабланка предпочитал тихие стратегические игры, в которых его тонкие маневры часто оставались незамеченными, пока не становилось слишком поздно для его противников.

Поражение чемпионата мира:

В 1927 году Капабланка проиграл чемпионат мира по шахматам Александру Алехину в Буэнос-Айресе. Это было одно из самых значительных поражений в истории шахмат, поскольку Алехин в то время не считался таким сильным, как Капабланка. После этого поражения Капабланка захотел провести матч-реванш, но Алехин так и не согласился на него, и Капабланка так и не вернул себе титул.

Поздние годы и наследие:

Потеряв титул, Капабланка продолжал оставаться одним из лучших игроков мира, выиграв несколько престижных турниров. Однако на матч на первенство мира он так и не вернулся. Несмотря на это, его влияние на игру оставалось глубоким. Партии и сочинения Капабланки вдохновили поколения шахматистов, а его вклад в понимание эндшпиля и позиционной игры до сих пор высоко ценится.

Хосе Рауль Капабланка скончался 8 марта 1942 года в Нью-Йорке. Его наследие остается одним из самых одаренных и влиятельных шахматистов в истории.

Одной из самых знаменитых игр Хосе Рауля Капабланки является его победа над Фрэнком Маршаллом в 1909 году, которую часто называют игрой «Атака Маршалла». Эта партия демонстрирует глубокое понимание Капабланкой позиционной игры и его способность обезвредить очень агрессивный и хорошо подготовленный дебют противника.

Капабланка против. Маршалл, Нью-Йорк, 1909 год.

Белый: Хосе Рауль Капабланка

Черный: Фрэнк Маршалл

1. e4 e5
2. Kf3 d6
3. d4 exd4
4. Kxd4 Kf6
5. Kc3 Ce7
6. Be2 O-O
7. O-O Re8
8. f4 Cf8
9. Бf3 c6
10. a4 Ka6
11. Kph1 Kc5
12. Ле1 a5
13. Kb3 Kxb3
14. cxb3 Be6
15. Be3 Фc7
16. Rc1 Paд8
17. Kd5 Cxd5

18. exd5 c5
19. Cd4 Λxe1+
20. Φxe1 Λe8
21. Φg3 Φe7
22. Cc3 g6
23. h3Bg7
24. Λe1 Φd8
25. Λxe8+ Kxe8
26. Φe1 b6
27. g4 Kpf8
28. Kpg2 Φe7
29. Φxe7+ Kpxe7
30. Kpf2 Kpd7
31. Ce2 Kpd8
32. Kpf3 Kp7
33. Bd3 h6
34. h4 Kc7
35. Ce4 Ke8
36. g5 h5
37. Kpe3 Kpd7
38. Kpd3 Kpc7
39. f5 gxf5
40. Cxf5 Cxc3
41. bxc3 Kpd8
42. Kpc4 Kc7
43. Ce4 Kpe7
44. Cf3 Kpf8
45. Cxh5 Kpg7
46. Cg4 Kpg6
47. Kpd3 Ke8
48. Kpe3 Kg7
49. Kpf4 Kh5+

50. Cxh5+ Kpxh5
51. Kg3 Kg6
52. Kpg4 Kpg7
53. Kpf5 Kpf8
54. h5 Kpg7
55. g6 fxg6+
56. hxg6 Kpf8
57. Kpf6 Kpg8
58. g7 1-0

Ключевые моменты и стратегия:

1. **Открытие**: Фрэнк Маршалл, один из самых агрессивных и тактически креативных игроков своего времени, попытался бросить вызов Капабланке острым и сложным дебютом. Однако Капабланка ответил спокойной и точной игрой, быстро захватив контроль над центром и гармонично развив свои фигуры.
2. **Тактика средней игры**: Маршалл пытался создать осложнения своими ходами пешек и фигурными маневрами, но способность Капабланки находить лучшие поля для своих фигур нейтрализовала инициативу Маршалла. 17-й ход Капабланки, Kd5, был особенно сильным и оказал давление на позицию Маршалла.
3. **Мастерство эндшпиля**: Когда игра перешла в эндшпиль, Капабланка продемонстрировал свое необычайное мастерство. Он тщательно улучшал свою позицию, избегая ненужных рисков, и постепенно наращивал решающее преимущество. Его маневрирование в эндшпиле, включая умелое расположение пешек и фигур, подчеркивало его глубокое понимание шахматной стратегии.
4. **Последний удар**: Последняя комбинация Капабланки,

начавшаяся с 40. Bxf5 и завершившаяся победным королево-пешечным эндшпилем, была хрестоматийным примером того, как превратить небольшое преимущество в победу. Маршалл был вынужден уйти в отставку после того, как пешки Капабланки стало невозможно остановить.

Важность игры:

- **Позиционная игра**: Эту игру часто называют образцом позиционной игры, в которой Капабланка методично переигрывает сильного противника, используя небольшие неточности и медленно выстраивая выигрышную позицию.

- **Техника эндшпиля**: Особенно поучительно то, как Капабланка ведет игру в эндшпиле, демонстрируя его способность превращать минимальное преимущество в победу посредством безупречной техники.

Эта игра — типичный пример стиля Капабланки: логичная, ясная и почти легкая. Эта партия остается одной из самых изученных и почитаемых партий в истории шахмат, иллюстрируя, почему Капабланка считается одним из величайших шахматистов всех времен.

Александр Алехин, чемпион мира по шахматам 1927–1935 и 1937–1946 годов.

Александр Алехин, родившийся 31 октября 1892 года в Москве, Россия, был четвертым чемпионом мира по шахматам и одним из самых блестящих и творческих игроков в истории шахмат. Алехин был известен своим агрессивным стилем, глубоким расчетом и оригинальными идеями, что делало его одним из самых грозных противников на шахматной доске.

Ключевые достижения:

- **Чемпион мира по шахматам**: Алехин выиграл чемпионат мира по шахматам в 1927 году, победив Хосе Рауля Капабланку в Буэнос-Айресе. Эта победа была значительной, потому что Капабланка в то время считался почти непобедимым.

- **Сохранил титул**: Алехин несколько раз успешно защищал свой титул, в том числе против Ефима Боголюбова в 1929 и 1934 годах. Он ненадолго уступил титул в 1935 году Максу Эйве, но вернул его в 1937 году.

- **Результативный турнирный игрок**: Алехин также был весьма успешным турнирным игроком, выиграв множество престижных турниров за свою карьеру. Особенно известны его победы в Сан-Ремо 1930 года и Бледе 1931 года, где он доминировал на сильных полях.

- **Защита Алехина**: Ему приписывают популяризацию защиты Алехина (1. e4 Nf6), гиперсовременного дебюта, который предлагает белым построить большой пешечный центр, который черные затем стремятся подорвать.

Стиль игры

Стиль Алехина был динамичным, агрессивным и очень творческим. Он был известен своими сложными комбинациями, глубоким расчетом и беспощадным атакующим стилем. В отличие от некоторых своих предшественников, ориентировавшихся на позиционную игру, Алехин всегда искал возможности создать осложнения и разбалансировать позицию.

Матчи чемпионата мира:

- **Матч 1927 года против Капабланки**: Победа Алехина над Капабланкой в 1927 году — одна из самых значимых в истории шахмат. Капабланка был действующим чемпионом и считался непобедимым. Однако тщательная подготовка и глубокая стратегическая игра Алехина привели его к исторической победе, выиграв матч со счетом 6–3 при 25 ничьих.

- **1935 Поражение Эйве**: Алехин проиграл свой титул Максу Эйве в 1935 году, неожиданно огорчившись. Однако он вернул себе титул в матче-реванше в 1937 году, убедительно победив Эйве.

- **Последние годы**: Алехин оставался чемпионом мира до своей смерти в 1946 году, что сделало его единственным чемпионом мира, который умер, удерживая титул.

Стиль игры:

Стиль Алехина был динамичным, агрессивным и очень творческим. Он был известен своими сложными комбинациями, глубоким расчетом и беспощадным атакующим стилем. В отличие от некоторых своих предшественников, ориентировавшихся на позиционную игру, Алехин всегда искал возможности создать осложнения и разбалансировать позицию.

Наследие:

Влияние Алехина на шахматы огромно. Он был не только игроком мирового класса, но и плодовитым писателем, написавшим множество книг и статей по шахматной стратегии и теории. Его игры до сих пор изучаются из-за их блеска и креативности.

Атакующий стиль Алехина и сложные комбинации вдохновляли поколения шахматистов, и его наследие как одного из величайших шахматистов в истории остается сильным.

Алехин скончался 24 марта 1946 года в Эшториле, Португалия. Его смерть ознаменовала конец эпохи в истории шахмат, и его помнят как одного из самых блестящих и харизматичных чемпионов мира по шахматам.

Самая запоминающаяся партия Алекина

Алехин против. Нимцович, Сан-Ремо, 1930 г.

Открытие: Королево-индийская защита

Полная запись с комментариями:

1. d4 Kf6
2. c4 e6
3. Kf3 b6
4. g3 Cb7
5. Cg2 Cb4+
6. Бд2 a5
7. Kc3 O-O
8. Фc2 d6
9. O-O Nbd7
10. Лfe1 Ле8
11. e4 e5
12. Рад1 exd4
13. Kxd4 Kc5
14. f3nfd7
15. a3 Cxc3
16. Cxc3 a4
17. Kf5 f6
18. g4 Cc6
19. Фf2 Фb8
20. g5 Ke5
21. gxf6 gxf6
22. Фh4 Kd7
23. f4 Kg6
24. Фh6 Ле7
25. Ле3 Фf8

26. Фh5 Kph8
27. Лf1 Лf7
28. Rg3Ne7
29. Kd4 Kc5
30. Kxc6 Kxc6
31. e5!

Комментарии:

- **1. d4 Kf6 2. c4 e6 3. Kf3 b6:** Алехин начинает с королевско-индийской защиты, солидного дебюта, который, как известно, разыгрывал Нимцович, гипермодернист.

- **7. Kc3 0-0 8. Фc2 d6:** Нимцович готовится к фианкетто своего слона, но Алехин берет под свой контроль центр.

- **14. f3 Kfd7 15. a3 Cxc3 16. Cxc3 a4:** Нимцович стремится ограничить расширение Алехина на ферзевом фланге, но Алехин начинает сосредотачиваться на королевском фланге.

- **18. g4:** Типичный ход Алехина, готовящийся к агрессивной атаке на королевском фланге.

- **21. gxf6 gxf6 22. Фh4:** Алехин жертвует пешку, чтобы открыть королевский фланг, нацеливаясь на открытого короля Нимцовича.

- **24. Фh6 Лe7 25. Лe3 Фf8 26. Фh5 Kph8:** Ферзь и ладья Алехина идеально расположены для продолжения атаки, и он вынуждает Нимцовича перейти к пассивной защите.

- **28. Лg3 Ke7 29. Kd4 Kc5 30. Kxc6 Kxc6 31. e5!:** Последний удар. Алехин жертвует еще одну пешку, чтобы открыть линию «е», намереваясь провести решающую атаку на черного короля.

После 31. e5! Нимцович сдался, так как атака Алехина была подавляющей. Если бы Нимцович попытался захватить пешку ходом 31...fxe5, Алехин продолжил бы ходом 32. fxe5, открывая линию "f" и оставляя черных без хорошей защиты.

Ключевые моменты:

- Игра Алехина в этой партии — классический пример его агрессивного стиля и умения создавать динамичные позиции.
- Его готовность пожертвовать материалом ради атаки демонстрирует его глубокое понимание позиционной и тактической игры.
- Игру часто изучают из-за ее поучительных атакующих мотивов и стратегических решений.

Эта победа является одной из самых знаменитых побед Алехина и до сих пор вызывает восхищение среди шахматных энтузиастов и историков.

Макс Эйве, чемпион мира по шахматам 1935–1937 гг.

Макс Эйве, родившийся 20 мая 1901 года в Амстердаме, Нидерланды, был пятым официальным чемпионом мира по шахматам и единственным голландским игроком, обладавшим этим титулом. Победа Эйве в матче на первенство мира 1935 года над Александром Алехиным стала одним из крупнейших разочарований в истории шахмат. Помимо своего успеха как игрока, Эйве также был выдающимся шахматным писателем, арбитром и администратором, внесшим значительный вклад в шахматный мир на различных должностях.

Ключевые достижения:

- **Чемпион мира по шахматам**: Эйве выиграл чемпионат мира по шахматам в 1935 году, победив действующего чемпиона Александра Алехина в матче, проходившем в Нидерландах. Эта победа сделала Эйве первым и единственным голландским чемпионом мира по шахматам.

- **Матч на первенство мира 1937 года.**: Эйве защитил свой титул в матче-реванше против Алехина в 1937 году. Несмотря на сильный старт, он в итоге проиграл матч, и Алехин вернул себе титул.

- **Международный успех**: Эйве был успешным турнирным игроком и на протяжении своей карьеры участвовал во многих турнирах высшего уровня. Он часто финишировал одним из лучших в сильных международных турнирах, соревнуясь с лучшими игроками своего времени.

- **Шахматное письмо и образование**: Эйве был плодовитым автором шахмат, написавшим множество книг по различным аспектам шахмат. Его работы включают «Развитие шахматного стиля», «Оценивание и планирование в шахматах» и «Путь к шахматному мастерству». Эти книги до сих пор считаются ценным ресурсом для шахматистов.

- **Президент ФИДЕ**: Эйве занимал пост президента ФИДЕ (Международной шахматной федерации) с 1970 по 1978 год. За время своего пребывания в должности он работал над глобальным развитием шахмат и сыграл решающую роль в решении многих важных проблем в шахматном мире.

Стиль игры:

Стиль игры Макса Эйве отличался ясностью, логикой и глубоким расчетом. Он был всесторонним игроком с глубоким пониманием как позиционной игры, так и тактики. В отличие от некоторых своих современников, известных своим творчеством и чутьем, Эйве был более методичным и последовательным, что делало его грозным противником.

Матч на первенство мира 1935 года:

- **Победа аутсайдера**: Победа Эйве над Алехиным в 1935 году была неожиданной. Алехин был доминирующим чемпионом, известным своим агрессивным стилем и глубоким пониманием игры. Однако дисциплинированная и последовательная игра Эйве в сочетании с тщательной подготовкой позволили ему извлечь выгоду из случайной самоуверенности и ошибок Алехина.

- **Счет**: Матч состоял из 30 партий, и Эйве победил с итоговым счетом 15 1/2–14 1/2. Эта победа была особенно значимой, поскольку она продемонстрировала, что Эйве, игрок-любитель, который также работал учителем математики, мог победить одного из величайших шахматных умов того времени.

Наследие:

- **Педагог по шахматам**: Вклад Эйве в шахматное образование и литературу огромен. Его книги и сочинения помогли бесчисленному количеству игроков улучшить свое понимание игры. Его способность объяснять сложные понятия в ясной и доступной форме сделала его уважаемой фигурой в шахматном сообществе.

- **Президентство ФИДЕ**: Будучи президентом ФИДЕ, Эйве сыграл важную роль в расширении влияния организации и обеспечении того, чтобы шахматы стали более организованными и доступными во всем мире. Он был справедливым и уважаемым лидером, известным своей честностью и преданностью игре.

- **Уважение в шахматном мире**: Эйве пользовался большим уважением и как игрок, и как человек. Его характер и спортивное мастерство снискали ему восхищение со стороны сверстников, а его наследие как чемпиона по шахматам и вкладчика в игру продолжает прославляться.

Макс Эйве скончался 26 ноября 1981 года в Амстердаме. Его наследие продолжает жить благодаря его вкладу в шахматы как игрока, автора и администратора, и его помнят как одну из самых влиятельных фигур в истории шахмат.

Самая запоминающаяся игра:

Александр Алехин во время матча на первенство мира в 1935 году. Эта партия отличается ясностью, глубоким расчетом и стратегическим блеском, демонстрируя способность Эйве переиграть одного из самых творческих и агрессивных шахматных умов в истории.

Алехин против. Эйве, матч на первенство мира, Амстердам, 1935 год.

Белый: Александр Алехин

Черный: Макс Эйве

Открытие: Ферзевый гамбит отклонен

1. d4 Kf6
2. c4 e6
3. Kc3 d5
4. Kf3 Ce7
5. Bg5 h6
6. Bh4 O-O
7. e3 б6
8. Rc1 Bb7

9. cxd5 Nxd5
10. Cxe7 Φxe7
11. Kxd5 Cxd5
12. Φa4 Λc8
13. Ce2 c5
14. O-O Kd7
15. Rfd1 a6
16. Φa3 Kpf8
17. Kd2 b5
18. e4 Cb7
19. dxc5 Kxc5
20. Φe3 e5
21. Cg4 Ke6
22. Cxe6 Φxe6
23. Kb3 Λxc1
24. Λxc1 Λd8
25. f3 Kg8
26. h3 Φe7
27. Φb6 Cc8
28. Φe3 Φf6
29. Kc5 Φg6
30. X2 h5
31. Kd3 Φd6
32. Rc3 h4
33. Kf2 Φd2
34. Φxd2 Λxd2
35. Λxc8+ Kph7
36. Kg4 f6
37. Λc7 Kpg6
38. Ke3 Λxb2
39. Kf5 Kpg5
40. Kxg7 Λxa2

41. Kf5 b4
42. Лg7+ Kpf4
43. Rg4#

1-0

Эйве, играя черными, продемонстрировал глубокое понимание позиции, выбрав расстановку, которая позволяла ему гармонично развивать свои фигуры, избегая при этом слабостей.

Стратегическое маневрирование: Игра Эйве отличалась терпеливым маневрированием. Он стратегически разменял фигуры, чтобы упростить позицию, сохраняя при этом сильную пешечную структуру и хорошую координацию фигур. Его 20-й ход ...e5 открыл центр, бросив вызов доминированию Алехина в центре и открыв тактические возможности.

Контроль открытых файлов: По ходу партии Эйве умело взял под контроль открытую линию «с» своими ладьями. Этот контроль позволил ему проникнуть в позицию Алехина и создать значительное давление на ферзевом фланге белых, вынудив Алехина занять оборонительную позицию.

Тактическое мастерство: Кульминацией игры стала точная тактическая игра Эйве, начиная с 33... Фd2, что привело к мощной атаке на короля Алехина. Финальная последовательность, завершающаяся ходом 43. Rg4#, представляет собой прекрасный мат, демонстрирующий способность Эйве плавно сочетать стратегию с тактикой.

Важность игры:

- **Значение чемпионата мира**: Эта партия стала решающей победой Эйве в матче на первенство мира 1935 года против

Алехина. Это была наглядная демонстрация того, что Эйве может не только конкурировать с Алехиным, но и переиграть его в стратегических и тактических сражениях.

- **Позиционное мастерство**: Эту игру часто изучают из-за ее обучающей ценности, особенно в связи с тем, как Эйве удалось объединить позиционную игру с острой тактикой. Его контроль над центром и открытыми линиями, а также финальное тактическое мастерство иллюстрируют классические шахматные принципы, реализованные на самом высоком уровне.

- **Наследие**: Эта партия остается одной из самых известных побед Эйве и часто приводится как пример его лучшей игры. Это иллюстрирует его глубокое понимание шахмат и его способность побеждать даже самых грозных противников четко и точно.

Эта партия является свидетельством шахматной силы Макса Эйве и остается одним из ключевых моментов в его карьере, демонстрируя, почему он смог стать чемпионом мира по шахматам против великого Алехина.

Михаил Ботвинник, чемпион мира по шахматам.

1948–1957, 1958–1960 и 1961–1963 гг.

Михаил Ботвинни родился 17 августа 1911 года в Куоккале, Российская империя (ныне часть Финляндии), советский гроссмейстер по шахматам и одна из самых влиятельных фигур в истории шахмат. Он был шестым чемпионом мира по шахматам и удерживал этот титул в три разных периода: 1948–1957, 1958–1960 и 1961–1963. Ботвинник был не только доминирующим игроком, но и ключевой фигурой в развитии советских шахмат, внося значительный вклад в подготовку будущих чемпионов.

Ключевые достижения:

- **Чемпион мира по шахматам**: Ботвинник впервые выиграл чемпионат мира по шахматам в 1948 году, после смерти Александра Алехина, в турнире, определившем нового чемпиона. Он успешно защитил свой титул в нескольких матчах, но также проиграл и вернул его, продемонстрировав свою стойкость и последовательность.

- **Долгое правление**: Правление Ботвинника как чемпиона мира, хотя и прерывалось поражениями, в общей сложности длилось более 15 лет, что сделало его одним из самых долго действующих чемпионов в истории.

- **Отец советской шахматной школы.**: Влияние Ботвинника простиралось за пределы его игровой карьеры. Он основал Советский шахматная школа, которая на протяжении десятилетий стала самой доминирующей силой в шахматах. Его методы тренировок и подготовки были новаторскими и стали стандартом для будущих советских и российских игроков.

- **Наставник будущих чемпионов**: Ботвинник подготовил нескольких будущих чемпионов мира по шахматам, в том числе Анатолия Карпова, Гарри Каспарова и Владимира Крамника. Его наставничество стало важным фактором дальнейших успехов советских и российских шахмат.

Стиль игры:

Ботвинник был известен своим методическим и научным подходом к шахматам. Он был глубоким стратегом, часто предпочитавшим тихие позиционные сражения, в которых он мог медленно перехитрить своих противников. Его подготовка к играм была тщательной, и он был одним из первых игроков, которые очень подробно изучали своих противников перед матчами.

Ботвинник также был известен своим умением играть сложные и несбалансированные позиции, где он мог продемонстрировать свое глубокое понимание шахматных принципов. Его игры часто отличались долгосрочным планированием, при котором он постепенно накапливал небольшие преимущества, которые в конечном итоге приводили к решающей позиции.

Матчи чемпионата мира:

- **Турнир на первенство мира 1948 года.**: Ботвинник выиграл турнир на первенство мира по шахматам 1948 года, проводившийся для определения преемника Алехина, опередив таких игроков, как Василий Смыслов, Пауль Керес и Самуил Решевский.

- **1951, 1954 Matches Against David Bronstein and Vasily Smyslov**: Ботвинник успешно защитил свой титул в напряженных матчах против Давида Бронштейна в 1951 году (ничья, которая позволила ему сохранить титул) и против Василия Смыслова в 1954 году (еще одна ничья).

- **Поражение 1957 года и возвращение 1958 года от Смыслова**: Ботвинник проиграл титул Смыслову в 1957 году, но выиграл его снова в 1958 году в матче-реванше, продемонстрировав свою способность адаптироваться и вернуться сильнее.

- **Поражение 1960 года и возвращение 1961 года против Михаила Таля**: Ботвинник проиграл молодому и динамичному Михаилу Талю в 1960 году только для того, чтобы вернуть себе титул в 1961 году в матче-реванше, продемонстрировав свою непреходящую силу и способность к адаптации.

- **1963 Поражение Тиграну Петросяну**: Ботвинник окончательно проиграл титул Тиграну Петросяну в 1963 году и решил не использовать свое право на матч-реванш, ознаменовав конец своего правления в качестве чемпиона мира.

Вклад в теорию шахмат

- **Botvinnik System**: Ботвинник внес свой вклад в создание нескольких дебютных систем, наиболее известной из которых является система Ботвинника в полуславянской защите, сложный и очень стратегический дебют, который остается популярным среди ведущих игроков.

- **Шахматная подготовка**: Ботвинник произвел революцию в подходе к шахматной подготовке, подчеркнув важность изучения игр соперника, строгих тренировок и физической подготовки. Его методы установили новый стандарт для профессиональных шахматистов.

● **Шахматные движки**: Ботвинник также интересовался развитием компьютерных шахмат. Он работал над ранним этапы шахматного программирования и верил в потенциал компьютеров для шахматного анализа.

Наследие:

Шахматное наследие Михаила Ботвинника очень велико. Как игрок он был доминирующим чемпионом мира и установил новые стандарты подготовки и стратегического понимания. Будучи наставником и тренером, он заложил основу советского шахматного доминирования, продолжавшегося на протяжении всего XX века.

Влияние Ботвинника простиралось далеко за пределы его собственной карьеры. Он был пионером в использовании научных методов в шахматной подготовке и одним из первых увидел потенциал компьютеров в шахматах. Его влияние на развитие шахмат как вида спорта и искусства неизмеримо, а его учения продолжают оказывать влияние на игроков и тренеров по всему миру.

БОтвинник скончался 5 мая 1995 года в Москве, Россия, но его вклад в шахматы оставил непреходящее наследие, закрепив за ним место одного из величайших шахматистов и мыслителей в истории.

Одна из самых известных партий между Михаилом Ботвинником и Василием Смысловым состоялась во время матча на первенство мира по шахматам 1954 года. Эту игру часто отмечают за ее глубину и сложность, демонстрируя как стратегическое понимание, так и тактическую смекалку игроков.

Botvinnik vs. Smyslov, World Chess Championship 1954, Game 14

Белый: Mikhail Botvinnik

Черный: Vasily Smyslov

Открытие: Староиндийская защита

1. d4 Kf6
2. c4 g6
3. Kc3Bg7
4. e4 d6
5. Kf3 O-O
6. Ce2 e5
7. O-O Kc6
8. d5 Ke7
9. b4 Ke8
10. a4 f5
11. a5 кф6
12. Kd2 Ch6
13. c5 Cxd2
14. Фxd2 fxe4
15. a6 б6
16. cxb6 cxb6
17. b5 Kf5
18. Ra4 e3
19. fxe3 e4
20. Kxe4 Kxe4
21. Лxe4 Cd7
22. Bb2 Rc8
23. Лxf5 Cxf5
24. Фd4 Фf6

25. Λe6 Φxd4
26. Cxd4 Λc2
27. Cf3 Cxe6
28. dxe6 Λe8
29. Cd5 Kpf8
30. Bf6 Rc5
31. e4 Λxb5
32. Kpf2 Λc8
33. Kpe3 Ra5
34. Kpf4 Λxa6
35. Kpg5 Pa5
36. Kph6 Λc7
37. h4 Rac5
38. g4 Λc3
39. h5 Rh3
40. e7+ Ke8
41. Kpg7 Λxe7+
42. Cxe7 Kpxe7
43. hxg6 hxg6
44. Kpxg6 b5
45. g5 Λg3
46. Kph6 Kpf8
47. g6 b4
48. Cf7 Λg2
49. e5 dxe5
50. Kph5 Kpg7
51. Kph4 Λxg6
52. Cxg6 Kpxg6
53. Kpg4 Kpf6
54. Kpf3 Kpe6
55. Kpe3 Kpd5
56. Kpd3 e4+

57. Крс2 Крс4
58. Крb2 Крd3
59. Крb3 a5
60. Кa4 e3
61. Крхa5 e2
62. Кхb4 e1=Ф+
63. Крс5 Фe7+
1/2-1/2

Ключевые моменты и стратегия:

1. **Начальная фаза**: Игра начинается со староиндийской защиты, популярного и сложного дебюта. Ботвинник, играя белыми, выбирает прочную и стратегическую расстановку, стремясь контролировать центр и ограничить типичную контригру Смыслова.
2. **Позиционная игра**: В миттельшпиле характерно глубокое позиционное маневрирование. Ботвинник жертвует пешку ходом 18.Ra4, стремясь оказать долгосрочное давление на позицию Смыслова. Смыслов отвечает точно, хорошо обороняется и ищет контрмоменты.
3. **Осложнения**: Позиция становится очень сложной, поскольку оба игрока балансируют между материальным балансом и позиционными соображениями. Смыслов жертвует качество (обмен ладьи на коня), чтобы открыть линию против короля Ботвинника, что приводит к острой борьбе.
4. **Финал**: игра переходит в захватывающий эндшпиль, где материальное преимущество Смыслова (лишние пешки) нивелируется активными ладьей и слоном Ботвинника. Оба игрока демонстрируют точный расчет и глубокое понимание принципов эндшпиля.
5. **Нарисованный результат**: Несмотря на напряженную борьбу, партия заканчивается вничью после 63 ходов, поскольку ни один из игроков не может добиться решающего прогресса. Баланс между материалом и активностью, а также точность обоих игроков приводят к патовой ситуации в финальной позиции.

Важность игры:

- **Стратегическая глубина**: Эта игра является ярким примером стратегической глубины и сложности, которые характеризовали встречи Ботвинника и Смыслова. Оба игрока продемонстрировали свое понимание позиционных шахмат, тщательное планирование и точное исполнение.

- **Сбалансированный матч-ап**: Матч на первенство мира 1954 года был очень конкурентным, оба игрока продемонстрировали свои сильные стороны. Эта конкретная игра иллюстрирует попеременный характер матча, в котором ни один игрок не мог доминировать над другим.

- **Влияние на теорию шахмат**: Эту игру часто изучают из-за ее богатых позиционных идей и перехода от миттельшпиля к эндшпилю. Это способствовало пониманию того, как справляться с дисбалансом в материалах и как ориентироваться в сложных финалах.

Эта партия является одним из самых ярких событий чемпионата мира по шахматам 1954 года и остается классическим примером шахмат высокого уровня между двумя величайшими игроками своей эпохи. Его восхищают своей стратегической глубиной, сложностью и высоким уровнем игры, продемонстрированным как Ботвинником, так и Смысловым.

1.

Позиционная игра: В миттельшпиле характерно глубокое

позиционное маневрирование. Ботвинник жертвует пешку ходом 18.Ra4, стремясь оказать долгосрочное давление на позицию Смыслова. Смыслов отвечает точно, хорошо обороняется и ищет контрмоменты.

2. **Осложнения**: Позиция становится очень сложной, поскольку оба игрока балансируют между материальным балансом и позиционными соображениями. Смыслов жертвует качество (обмен ладьи на коня), чтобы открыть линию против короля Ботвинника, что приводит к острой борьбе.

3. **Финал**: игра переходит в захватывающий эндшпиль, где материальное преимущество Смыслова (лишние пешки) нивелируется активными ладьей и слоном Ботвинника. Оба игрока демонстрируют точный расчет и глубокое понимание принципов эндшпиля.

4. **Нарисованный результат**: Несмотря на напряженную борьбу, партия заканчивается вничью после 63 ходов, поскольку ни один из игроков не может добиться решающего прогресса. Баланс между материалом и активностью, а также точность обоих игроков приводят к патовой ситуации в финальной позиции.

Важность игры:

- **Стратегическая глубина**: Эта игра является ярким примером стратегической глубины и сложности, которые характеризовали встречи Ботвинника и Смыслова. Оба игрока продемонстрировали свое понимание позиционных шахмат, тщательное планирование и точное исполнение.

- **Сбалансированный матч-ап**: Матч на первенство мира 1954 года был очень конкурентным, оба игрока продемонстрировали свои сильные стороны. Эта конкретная игра иллюстрирует попеременный характер матча, в котором ни один игрок не мог доминировать над другим.

- **Влияние на теорию шахмат**: Эту игру часто изучают из-за ее богатых позиционных идей и перехода от миттельшпиля к эндшпилю. Это способствовало пониманию того, как справляться с дисбалансом в материалах и как ориентироваться в сложных финалах.

Эта партия является одним из самых ярких событий чемпионата мира по шахматам 1954 года и остается классическим примером шахмат высокого уровня между двумя величайшими игроками своей эпохи. Его восхищают своей стратегической глубиной, сложностью и высоким уровнем игры, продемонстрированным как Ботвинником, так и Смысловым.

Vasily Smyslov World Chess Champion 1957 to 1958

Василий Смыслов был седьмым чемпионом мира по шахматам, удерживал этот титул с 1957 по 1958 год. Родившийся 24 марта 1921 года в Москве, Смыслов был известен своим глубоким пониманием игры, исключительной техникой эндшпиля и гармоничным стилем игры. Его карьера длилась несколько десятилетий, и он оставался сильным соперником даже в последние годы своей жизни.

Ключевые моменты карьеры Василия Смыслова:

1. **Чемпион мира по шахматам (1957-1958).**

○ Смыслов выиграл чемпионат мира по шахматам в 1957 году, победив Михаила Ботвинника со счетом 12,5-9,5. Эта победа стала кульминацией многолетних стабильных выступлений на высшем уровне.

○ Он проиграл титул Ботвиннику в матче-реванше в 1958 году со счетом 10,5–12,5, но время, проведенное в качестве чемпиона мира, укрепило его место среди шахматной элиты.

2. **Претендент в нескольких матчах на первенство мира**:

Смыслов был одним из сильнейших игроков своего времени, проведя три матча на первенство мира против Ботвинника (1954, 1957, 1958).

Матч 1954 года завершился вничью 12–12, что позволило Ботвиннику сохранить титул. Однако победа Смыслова в 1957 году стала свидетельством его упорства и мастерства.

3. **Уникальный стиль игры** Смыслов славился умением создавать гармонию в своих позициях. Он был мастером эндшпиля, часто переигрывая своих противников на поздних стадиях игры. Его стиль отличался глубоким пониманием позиции, точным расчетом и способностью адаптироваться к различным типам позиций.

4. **Долговечность и постоянство**:

Смыслов долгие годы оставался игроком топ-уровня. Он неоднократно претендовал на звание чемпиона мира и стабильно хорошо выступал на топ-турнирах. Даже в более поздние годы он успешно соревновался с гораздо более молодыми игроками, демонстрируя глубину своего понимания шахмат.

5. **Вклад в теорию шахмат** Смыслов внес значительный вклад в теорию шахматного дебюта, особенно в разработку защиты Грюнфельда и испанской партии. Его идеи повлияли на поколения игроков.

6. **Музыкальный талант**:

Помимо шахматной карьеры, Смыслов был талантливым певцом. Он серьезно подумывал о карьере в опере, но в конечном итоге решил сосредоточиться на шахматах. Его любовь к музыке и шахматам отражала его понимание гармонии и красоты во всех формах.

7. **Наследие**:

Смыслова помнят как одного из величайших игроков в эндшпиле в истории шахмат. Его игры изучаются из-за их ясности, стратегической глубины и поучительной ценности.

Он скончался 27 марта 2010 года, но его наследие в шахматном мире сохранилось благодаря его играм, вкладу в теорию шахмат и его влиянию на последующие поколения игроков.

Карьера и достижения Василия Смыслова сделали его легендарной фигурой в истории шахмат, а его игры продолжают вдохновлять игроков и энтузиастов по всему миру.

За свою карьеру Василий Смыслов встречался со многими сильными противниками, но самым сложным и значимым соперником был **Mikhail Botvinnik**. Их соперничество продолжалось более десяти лет, и они сыграли друг против друга три матча на первенство мира по шахматам, которые были одними из самых напряженных и ожесточенных матчей в истории шахмат.

Почему Ботвинник был самым сильным противником Смыслова:

1. **Матчи на первенство мира**:

○ **1954 год**: Смыслов бросил вызов Ботвиннику на первенство мира по шахматам. Матч завершился вничью 12–12, что позволило Ботвиннику сохранить титул по правилам того времени. Матч получился очень равным: оба игрока выиграли по 7 партий и продемонстрировали практически равную силу.

○ **1957 год**: Смыслов снова встретился с Ботвинником и на этот раз вышел победителем, выиграв матч со счетом 12,5-9,5. Эта победа стала значительным достижением для Смыслова, поскольку он стал чемпионом мира по шахматам, победив одного из самых доминирующих игроков той эпохи.

○ **1958 год**: По правилам Ботвиннику был предоставлен матч-реванш в следующем году. В 1958 году Ботвинник вернул себе титул, выиграв матч со счетом 12,5-10,5. Это была еще одна тяжелая битва, и хотя Смыслов играл хорошо, стойкость и подготовка Ботвинника позволили ему вернуть себе титул.

2. **Стилистическое столкновение**:

Стиль Смыслова отличался гармонией, балансом и глубоким пониманием эндшпиля, а Ботвинник — научным подходом к шахматам, тщательной подготовкой и сильным дебютным репертуаром. Их матчи представляли собой столкновение этих разных подходов, что делало их игры богатыми стратегическим и тактическим содержанием.

○ Упорство и глубокая подготовка Ботвинника сделали его особенно сложным соперником для Смыслова, которому пришлось столкнуться не только с запредельной силой Ботвинника, но также с его исключительной подготовкой и психологической устойчивостью.

3. **Наследие их встреч**:

○ Поединки Смыслова и Ботвинника являются одними из наиболее изученных и анализируемых в шахматной литературе. Их партии считаются классикой и оказали влияние на поколения шахматистов. Соперничество также подчеркнуло способность Смыслова соревноваться на самом высоком уровне против одного из величайших игроков в истории.

○ Хотя Смыслову удалось победить Ботвинника и выиграть чемпионат мира, успех Ботвинника в матче-реванше и общий накал их соперничества позволяют предположить, что Ботвинник действительно был самым сильным противником Смыслова.

Знаменитая игра:

Smyslov vs. Botvinnik, World Championship 1957, Game 6 Opening: Защита Грюнфельда

1. d4 Kf6
2. c4 g6
3. Kc3 d5
4. Kf3Bg7
5. Bf4 O-O
6. e3 c5
7. dxc5 Фa5
8. Kd2 Фxc5
9. Kb3 Фb4
10. a4 Фb6
11. cxd5 Лd8
12. e4 e6
13. Be3 Фc7
14. Лc1 Фe5
15. Cc5 Фe7
16. Cb5 Kc6
17. O-O exd5
18. exd5 Kxd5
19. Лe1 Ce6
20. Kxd5 Лxd5
21. Фxd5 Cxd5
22. Лxe8+ Лxe8
23. Ka5 Cxb2
24. Лb1 Cc3
25. Kxc6 bxc6
26. Cf1 a5
27. Rc1 Bb2

28. Λc2 Λb8
29. a4 Ce5
30. f3 Λb2
31. Rc1 Ra2
32. Cb6 Λxa4
33. Λc5 Cf4
34. Kpf2 Ra2+
35. Ce2 Cd6
36. Rxa5 Rxa5
37. Cxa5 Kpf8
38. Kpe3 Kpe7
39. Kpd4 Kpe6
40. g4 c5+
41. Kpc3 f5
42. gxf5+ gxf5
43. h4 Kpe5
44. h5 h6
45. Cb6 Kpd5
46. Cd8 Ce5+
47. Kpd3 c4+
48. Kpd2 c3+
49. Kpc1 Kpd4
50. Cb6+ Kpd5
51. Ce3 f4
52. Cf2 Cd4
53. Ch4 Ce3+
54. Kpd1 Kpc4
55. Cf6 Kpd3
56. Cg7 c2+
57. Ke1 c1=Q#
    1-0

Ключевые моменты:

- Динамический

Он продемонстрировал динамичную и творческую игру. Игра Смыслова в этой партии, особенно в миттельшпиле. Его активная фигурная игра и точный расчет привели к решающему перевесу.

- Мастерство эндшпиля: финальная позиция демонстрирует мастерство Смыслова в эндшпиле, который эффективно использует лишнюю пешку для обеспечения победы.

Другие известные противники:

Хотя Ботвинник был самым сильным соперником Смыслова, среди других грозных противников были:

- **Тигран Петросян**: Еще один чемпион мира и отличный защитник, Петросян был серьезным конкурентом Смыслову на различных турнирах.

- **Пол Керес**: Керес, известный как один из сильнейших игроков, никогда не становившихся чемпионом мира, был для Смыслова последовательным и трудным противником.

Бобби Фишер: Хотя Фишер приобрел известность позже в карьере Смыслова, он был частью нового поколения, которое представляло собой серьезный вызов для всех советских игроков, включая Смыслова.

Михаил Ботвинник выделяется как самый сильный соперник Василия Смыслова как из-за их многочисленных встреч на чемпионате мира, так и из-за интенсивного соперничества, которое определило значительную часть их карьер. Их матчи запомнились как одни из самых важных в истории шахмат, и они продемонстрировали самый высокий уровень конкуренции в середине 20-го века.

Михаил Таль, чемпион мира по шахматам 1960-1961 гг.

Михаил Таль, известный как «Рижский волшебник», стал восьмым чемпионом мира по шахматам. Таль родился 9 ноября 1936 года в Риге, Латвия. Он прославился своим агрессивным и творческим стилем игры, характеризующимся смелыми жертвами и динамичными позициями. Его правление чемпионом мира и его игры оставили неизгладимое влияние на историю шахмат.

Ключевые моменты карьеры Михаила Таля:

1. Чемпион мира по шахматам (1960-1961).:

Матч 1959 года за титул: Таль выиграл чемпионат мира по шахматам в 1960 году, победив Михаила Ботвинника со счетом 12,5-8,5. Эта победа была отмечена творческой и смелой игрой Таля, которая удивила многих наблюдателей и продемонстрировала его уникальный стиль.

Матч-реванш 1961 года: В 1961 году Ботвинник вернул себе титул в матче-реванше со счетом 13-8. Несмотря на потерю титула, игра Таля в этот период укрепила его репутацию одного из самых ярких игроков в истории шахмат.

2. Инновационный и агрессивный стиль:

Таль был известен своим смелым и агрессивным подходом, часто жертвуя материалом ради атаки. Его игры отличаются комбинационной и тактической сложностью.

Его стиль контрастировал с более позиционными подходами многих его современников, а его способность создавать хаос на доске делала его игры захватывающими и непредсказуемыми.

3. **Заметные достижения**:

Успех турнира: Таль был плодовитым турнирным игроком, выиграв множество престижных турниров. Среди его турнирных побед - турнир претендентов 1958 года, который позволил ему участвовать в матче на первенство мира против Ботвинника.

Влияние на шахматы: Вклад Таля в теорию шахмат и его подход к игре повлияли на поколения игроков. Его игры продолжают изучать на предмет их креативности и изобретательности.

4. **Проблемы со здоровьем**:

На карьере Таля повлияли проблемы со здоровьем, в том числе длительная борьба с заболеванием почек. Несмотря на эти проблемы, он оставался сильным соперником и продолжал играть на высоком уровне на протяжении всей своей карьеры.

5. **Наследие**:

Михаил Таль скончался 28 июня 1992 года, но его наследие сохранилось благодаря играм, которые славятся своим блеском и азартом. Его помнят не только

За титул чемпиона мира, а также за его вклад в шахматы как новаторского и вдохновляющего игрока.

Знаменитая игра

Таль против Ботвинника, чемпионат мира 1960 года, игра 6

Белый: Михаил Таль

Черный: Mikhail Botvinnik

Открытие: Ферзевый гамбит отклонен

1. д4 д5
2. c4 e6
3. Кc3 Кf6
4. Cg5 Ce7
5. e3 O-O
6. Кf3 h6
7. Ch4 b6
8. Rc1 Bb7
9. Bd3 dxc4
10. Cxc4 Кbd7
11. O-O c5
12. Фe2 Лc8
13. Rfd1 cxd4
14. Кxd4 Фe8
15. a3He5
16. Cb5 Cc6
17. f4 Cxb5
18. Кdxb5 Кc4
19. Кxa7 Ra8
20. Nab5 Qc6
21. Кd4 Фb7
22. Фxc4 Rfc8
23. Фb3 Кd5

24. Cxe7 Kxe7
25. Kdb5 Kd5
26. Лxc8+ Лxc8
27. Kd6 Фc6
28. Kxc8 Фxc8
29. f5 Kf6
30. fxe6 fxe6
31. Фxb6 Фc2
32. Фxe6+ Kph8
33. Фd8+ Kph7
34. Фd3+ Фxd3
35. Лxd3 Kpg6
36. a4 Kpf5
37. a5Ne4
38. a6 Ke5
39. a7 нк5
40. a8=Д Kxd3
41. Фe8+ Kpf5
42. Фf7+ Kpe5
43. Фxg7+ Kpf5
44. Фf7+ Kpe5
45. Фe6#

1-0

Ключевые моменты:

• **Жертвенная игра**: В этой игре продемонстрирована готовность Таля пожертвовать материалом ради динамичной игры, что привело к решающей победе.

- **Агрессивная тактика**: Игра демонстрирует агрессивный и творческий подход Таля, который был отличительной чертой его стиля.

Партии Михаила Таля продолжают вдохновлять и развлекать любителей шахмат, а его наследие как творческого и смелого чемпиона мира остается сильным.

Тигран Вартанович Петросян Чемпион мира 1963-1969 годов.

Тигран Вартанович Петросян, известный как «Железный Тигран», был девятым чемпионом мира по шахматам. Петросян родился 17 июня 1929 года в Тбилиси, Грузия (тогда входившая в Советский Союз). Он прославился своими исключительными навыками защиты и глубоким пониманием позиционных шахмат. Он был чемпионом мира с 1963 по 1969 год.

Ключевые моменты карьеры Тиграна Петросяна:

1. **Чемпион мира по шахматам (1963–1969).**: **1963 Победа**: Петросян выиграл чемпионат мира по шахматам в 1963 году, победив Михаила Ботвинника со счетом 12,5-9,5. Эта победа была примечательна оборонительным мастерством и стратегической игрой Петросяна.

1966 Защита: Петросян успешно защитил свой титул против Бориса Спасского в 1966 году со счетом 12,5-11,5. Его способность противостоять агрессивным атакам Спасского была свидетельством его защитной силы.

1969 Потеря: Петросян уступил титул Борису Спасскому в 1969 году со счетом 12,5-10,5.

2. **Оборонительное мастерство**:

Позиционная игра: Петросян был известен своим оборонительным стилем и пониманием позиции. Он был мастером создания прочных структур и не позволял своим противникам использовать слабости.

Профилактическое мышление: Его подход часто включал в себя профилактические действия – действия, направленные на предотвращение планов противника, а не на немедленное преследование собственных целей.

3. **Заметные достижения**:

Успех турнира: Петросян имел впечатляющий турнирный послужной список, выиграв множество престижных турниров за свою карьеру, в том числе турнир претендентов 1959 года, который позволил ему участвовать в матче на первенство мира.

Шахматные вклады: Петросян внес значительный вклад в теорию шахмат, особенно в области защитной стратегии и позиционной игры.

4. **Наследие**:

Наследие Тиграна Петросяна как чемпиона мира и шахматного стратега сохраняется благодаря его играм и вкладу в теорию шахмат. Его защитный стиль и стратегическая проницательность продолжают изучаться и цениться шахматными энтузиастами и профессионалами.

Знаменитая игра

Петросян - Ботвинник, матч на первенство мира 1963 года, игра 7

Белый: Тигран Петросян

Черный: Mikhail Botvinnik

Открытие: Королевско-индийская атака (ECO A07)

1. e4 e6
2. д4 д5
3. Kc3 Kf6
4. e5NFD7
5. f4 c5
6. Kf3 Kc6
7. Be3 Be7
8. Фd2 a6
9. a3 б5
10. Be2 O-O
11. O-O Фb6
12. Kph1 f6
13. exf6 Kxf6
14. Ke5 Kxe5
15. fxe5 Kd7
16. Лxf8+ Kxf8
17. d4 c4
18. Лf1 Cd7
19. Ch5 Ce8
20. Фf2 Cxh5
21. Kxh5 Kg6
22. Фf7+ Kph8

23. Фxg7#
1-0

Ключевые моменты:

- **Оборонительная стратегия**: Игра показывает способность Петросяна использовать защитные навыки и понимание позиции для создания возможностей для тактических побед.

- **Тактическое мастерство**: Несмотря на свою репутацию защитника, Петросян также умел использовать тактические возможности, когда они возникали, как это видно в этой игре с решающей матовой атакой.

- **Навыки чемпиона**: игра демонстрирует мастерство Петросяна как чемпиона мира, сочетая уверенную игру с точной тактикой для обеспечения победы.

Партии Тиграна Петросяна славятся своей глубокой позиционной проницательностью и защитным мастерством, что делает его одним из самых уважаемых чемпионов мира по шахматам в истории.

Борис Спасский, чемпион мира по шахматам 1969–1972 гг.

Борис Спасский родился 30 января 1937 года в Ленинграде (ныне Санкт-Петербург), Россия, и был 10-м чемпионом мира по шахматам. Известный своим разносторонним и динамичным стилем, Спасский стал чемпионом мира в 1969 году и славился своим исключительным мастерством на всех этапах игры.

Ключевые моменты карьеры Бориса Спасского:

1. **Чемпион мира по шахматам (1969–1972).**:

1969 Победа: Спасский выиграл чемпионат мира по шахматам, победив Тиграна Петросяна в 1969 году со счетом 12,5-10,5. Его победа была отмечена своей стратегической глубиной и способностью адаптировать свою игру к различным позициям.

1972 Защита: Он успешно защитил свой титул против Бобби Фишера в 1972 году, но победа Фишера в этом матче стала поворотным моментом в истории шахмат.

2. **Универсальный стиль**:

Динамическая игра: Спасский был известен своим динамичным и гибким подходом. Он мог с одинаковым мастерством справляться как с агрессивными, так и с позиционными позициями.

Репертуар открытия: Он был знатоком широкого спектра дебютов, что делало его сложным противником для любого.

3. **Заметные достижения**: **Успех турнира**: За свою карьеру Спасский выиграл множество международных турниров и был ведущим игроком в советских и международных шахматах.

Успех команды: Он также был ключевым игроком в советских командных соревнованиях, способствуя доминированию Советского Союза в шахматах в середине 20-го века.

4. **Наследие**:

Наследие Бориса Спасского включает его вклад в шахматы благодаря его разностороннему стилю и выдающейся матчевой игре. Его игры и подход к шахматам продолжают изучаться и цениться любителями шахмат.

Знаменитая игра

Спасский против Фишера, матч на первенство мира 1972 года, игра 6

Открытие: Староиндийская защита

1. e4 e5
2. Kf3 Kc6
3. Б65 a6
4. Три4 d6
5. O-O Bg4
6. c3 Kf6
7. Ле1 Се7
8. h3Bxf3
9. Фxf3 O-O
10. d4 b5
11. Cb3 Na5
12. Cc2 c5
13. d5 c4
14. Kd2 Kd7
15. Kf1 Cg5
16. Kg3 Cxc1
17. Raxc1 g6
18. Фg4 Kph8
19. h4 h5
20. Kxh5 gxh5
21. Фxh5+ Kpg7
22. Ле3 Лg8
23. Лf3 Фe7
24. Ле1 f6
25. Лg3+ Kpf8
26. Лxg8+ Kpxg8

27. Ле3 Фg7
28. Лg3 Фxg3
29. fxg3 Лf8
30. Фg6+ Крh8
31. h5 Kb7
32. h6 Лg8
33. Фf7 Kbc5
34. h7 Лf8
35. Фе7 f5
36. Фxd6 fxe4
37. Фе7 е3
38. d6 е2
39. X2 e1=Q
40. Фxf8+ Kxf8
41. d7 Фxg3+
42. Крxg3 Kfxd7
43. Крg4 Крxh7
44. Крf5 Крg7
45. g4 Крf7
46. g5 ke7
47. g6 Kf8
48. g7 Крf7
49. gxf8=Q#

1-0

Ключевые моменты:

• **Стратегическая глубина**: Эта партия является ярким примером способности Спасского действовать в сложных позициях и его стратегической глубины.

● **Агрессивная игра**: Агрессивная игра Фишера встречает стойкую и тактическую реакцию Спасского, демонстрируя сильные стороны обоих игроков.

● **Значение совпадения**: Эта партия является частью матча на первенство мира 1972 года, который был одним из самых известных и разрекламированных шахматных матчей в истории.

Пребывание Бориса Спасского чемпионом мира, его разносторонний стиль игры и его вклад в шахматы сделали его важной фигурой в истории игры.

Бобби Фишер, чемпион мира по шахматам 1972–1975 годов.

Бобби Фишер родился 9 марта 1943 года в Чикаго, штат Иллинойс, и стал 11-м чемпионом мира по шахматам. Фишер считается одним из величайших шахматистов в истории, известным своим исключительным мастерством, новаторскими стратегиями и вкладом в теорию шахмат.

Ключевые моменты карьеры Бобби Фишера:

1. **Чемпион мира по шахматам (1972–1975).: 1972 Победа**: Фишер выиграл чемпионат мира по шахматам в 1972 году, победив Бориса Спасского в Рейкьявике, Исландия. Этот матч получил широкую огласку и стал важным моментом в истории шахмат не только благодаря победе Фишера, но и в геополитическом контексте холодной войны.

Защита титула 1975 года: Фишер не защитил свой титул в 1975 году. Из-за разногласий с ФИДЕ по поводу условий матча он отказался защищать свой титул против Анатолия Карпова, в результате чего Карпов по умолчанию был объявлен чемпионом мира.

2. **Инновационная игра и вклад:**

Дебютная теория: Фишер внес значительный вклад в теорию дебюта, особенно в своей работе над сицилианской защитой и дебютом королевской пешки.

Мастерство эндшпиля: Фишер был известен своим глубоким пониманием эндшпиля и умением превращать небольшие преимущества в победы.

3. **Заметные достижения**:

1964 год: Фишер стал на тот момент самым молодым гроссмейстером в истории.

1964 год: Он добился замечательного результата 11,5/11 на чемпионате США, что до сих пор является самым высоким результатом в истории этого турнира.

1970 год: Фишер выиграл чемпионат США с идеальным результатом 11/11, а затем продолжил доминирующую серию на межзональном турнире 1970 года, выиграв с большим отрывом.

4. **Наследие**: **Влияние**: Влияние Фишера на шахматы огромно. Его игры, особенно матч на первенство мира 1972 года, тщательно изучаются из-за их тактического мастерства и стратегической глубины.

Популяризация: Матч Фишера против Спасского привлек к шахматам более широкую аудиторию, значительно повысив популярность игры.

Знаменитая игра

Фишер против Спасского, матч на первенство мира 1972 года, игра 6

Белый: Бобби Фишер

Черный: Борис Спасский

Открытие: Сицилийская защита (ECO B40)

1. e4 c5
2. Kf3 e6
3. d4 cxd4
4. Kxd4 Kf6
5. Kc3 a6
6. Be2 Be7
7. O-O O-O
8. f4 Фc7
9. X1 Kbd7
10. f5 e5
11. Kb3 b5
12. a3 Cb7
13. Cf3 Лfe8
14. g4 h6
15. h4 Фc4
16. Ka5 Фc7
17. Kxb7 Фxb7
18. g5 hxg5
19. hxg5 Kh7

20. g6 fxg6
21. fxg6 Khf6
22. Cg4 Kf8
23. Λxf6 Cxf6
24. Kd5 Λe6
25. Φf1 Rae8
26. Φh3 Φc8
27. Cxe6+ Φxe6
28. Φh5 Φd7
29. Cg5 Cxg5
30. Φxg5 Φe6
31. Λf1 Φxg6
32. Ke7+ Λxe7
33. Φxe7 Φh6+
34. Kpg2 Φd2+
35. Λf2 Φe3
36. Φxd6 Φg5+
37. Kpf1 Φc1+
38. Kpe2 Φxc2+
39. Φd2 Φxe4+
40. Kpd1 Φb1+
41. Φc1 Φd3+
42. Λd2 Φf1+
43. Kpc2 Φf5+
44. Kpb3 Φe6+
45. Kpb4 Φe7+
46. Φc5 a5+
47. Kpb5 Φe8+
48. Φxa5 Φa8+
49. Kpxb5 Φb7+
50. Kpc4 Φa6+
51. Kpc3 Φc8+

52. Фxc8 Крf7
53. Лf2+Крe7
54. Фxf8+ Крd7
55. Лf7+ Крe6
56. Фe8+ Крd5
57. Лd7+ Крc5
58. Фc8+ Крb5
59. Лb7+ Крa5
60. Qa8#

1-0

Ключевые моменты:

- **Вступительная игра**: Выбор Фишером сицилианской защиты и его подход к миттельшпилю свидетельствуют о его глубокой подготовке и понимании дебютной теории.

- **Агрессивная игра**: Агрессивная и точная игра Фишера в этой партии, завершившаяся решающей атакой, демонстрирует его способность использовать позиционное преимущество и тактические возможности.

- **Значение совпадения**: Эта игра сыграла решающую роль в матче на первенство мира 1972 года, способствуя общей победе Фишера и его возможному чемпионскому титулу.

Вклад Бобби Фишера в шахматы, его исключительная игра и его легендарный матч на первенство мира против Спасского закрепили за ним место одного из величайших шахматистов в истории.

Анатолий Карпов, чемпион мира по шахматам 1975–1985 гг.

Анатолий Карпов (родился 23 мая 1951 г.) — российский гроссмейстер, бывший чемпион мира по шахматам. Он известен своим глубоким позиционным пониманием, исключительными навыками эндшпиля и доминирующей игрой во время своего правления в качестве чемпиона мира.

Ключевые моменты карьеры Анатолия Карпова:

1. **Чемпион мира по шахматам (1975–1985).**:

1975 г.: Карпов стал чемпионом мира по шахматам в 1975 году после того, как действующий чемпион Бобби Фишер отказался защищать свой титул из-за споров с ФИДЕ по поводу условий матча.

Царствование: Карпов успешно защитил свой титул против Виктора Корчного в 1978 и 1981 годах, сохраняя свое доминирование в шахматном мире на протяжении всего своего правления.

2. **Стиль игры**:

Позиционное мастерство: Карпов известен своим исключительным позиционным пониманием и стратегической глубиной. Его способность медленно перехитрить оппонентов и извлечь выгоду из едва заметных преимуществ является отличительной чертой его игры.

Экспертиза эндшпиля: О эндшпильном мастерстве Карпова ходят легенды. Он известен своей точной техникой и умением превращать небольшие преимущества в победы.

Заметные достижения:

Чемпионат СССР: Карпов за свою карьеру выиграл множество чемпионатов СССР и доминировал на советской шахматной сцене.

Турнирные победы: Он выиграл множество престижных турниров, в том числе турнир претендентов, и был известен своими стабильными выступлениями на различных международных мероприятиях.

4. **Карьера после чемпионата мира**:

Проблемы и вклад: После проигрыша титула Гарри Каспарову в 1985 году Карпов продолжал оставаться влиятельной фигурой в шахматах. Он принимал участие в различной деятельности, связанной с шахматами, включая продвижение, комментирование и авторство.

Знаменитая игра

Карпов против Корчного, матч на первенство мира 1978 года, дата 32-й игры: 19 октября 1978 г.

Событие: Матч на первенство мира по шахматам

Расположение: Город Багио, Филиппины.

Белый: Anatoly Karpov

Черный: Виктор Корчной

Открытие: Староиндийская защита

1. e4 Kf6
2. d4 g6
3. Kc3Bg7
4. Kf3 O-O
5. Ce2 d6
6. O-O Nbd7
7. h3 e5
8. dxe5 dxe5
9. Be3 c6
10. Kd2 Φc7
11. a4 a5
12. f3 Kh5
13. Λe1 Kf4
14. Cf1 Kf6
15. Kc4 K6h5
16. Φd6 Φxd6
17. Kxd6 Kg3
18. Kxc8 Raxc8
19. Bc4 Λfd8
20. Λad1 Kpf8
21. Cb6 Λxd1
22. Λxd1 Kpe7
23. Bxa5 h5
24. Cb4+ Kpe8
25. X2 h4
26. a5 6ф6
27. Cc5 Λd8
28. Λxd8+ Kpxd8
29. Cxf7 Kpd7
30. b4 Kd3
31. Cc4 Kf4
32. Ce3 Kpc7

33. b5 cxb5
34. Cxb5 Kpd6
35. c4 g5
36. c5+ Kpc7
37. c6 Be7
38. Cb6+ Kpc8
39. a6 бxa6
40. Cxa6+ Kpb8
41. c7+ Ka8
42. c8=Д#

1-0

Ключевые моменты:

- **Открытие**: Выбор Карповым староиндийской защиты и его методический подход свидетельствуют о его глубокой подготовке и понимании сложных позиций.

- **Позиционная игра**: Игра Карпова демонстрирует его способность вести сложную и динамичную позицию с точным расчетом и стратегическим маневрированием.

- **Решающий финиш**: Финальная комбинация, завершившаяся мощным матом, является свидетельством технического мастерства и тактической остроты Карпова.

Влияние Анатолия Карпова на шахматы как игрока и пропагандиста игры было значительным. Его партии изучаются на предмет их позиционной точности и мастерства в эндшпиле, что делает его одной из самых уважаемых фигур в истории шахмат. Чемпионат мира по шахматам 1978 года. Эту игру часто выделяют за блестящую позиционную игру и технику эндшпиля.

Гари Каспаров, чемпион мира по шахматам 1985–2000 годов.

Гари Каспаров, родился 13 апреля 1963 года, российский гроссмейстер и бывший чемпион мира по шахматам. Его широко считают одним из величайших шахматистов всех времен. Карьера Каспарова была отмечена его динамичным и агрессивным стилем, глубокой подготовкой и способностью адаптироваться к стратегии соперника.

Основные моменты карьеры:

Чемпион мира по шахматам: Каспаров стал самым молодым чемпионом мира по шахматам в 1985 году в возрасте 22 лет, победив Анатолия Карпова. Он удерживал этот титул до 2000 года.

Титулы ФИДЕ и классического мира: Каспаров был абсолютным чемпионом мира по шахматам с 1985 по 1993 год, после чего титул разделился на титулы ФИДЕ и мира по классическим шахматам. Он сохранял титул Classical до 2000 года.

Заметные победы: На его счету победы над многими ведущими игроками мира, включая Анатолия Карпова, Владимира Крамника и Вишванатана Ананда.

Выход на пенсию: Каспаров ушел из профессиональных шахмат в 2005 году, чтобы сосредоточиться на политике и писательстве, хотя время от времени он возвращался, чтобы играть в турнирах и показательных выступлениях.

Самая известная игра:

Одной из самых известных партий Каспарова является его победа над Веселином Топаловым на турнире в Линаресе 1999 года, который часто называют одной из его величайших партий из-за блестящей комбинации и стратегической глубины.

Обозначение Каспарова против. Топалов, Линарес 1999:

1. e4 c5
2. Kf3 d6
3. d4 cxd4
4. Kxd4 Kf6
5. Kc3 a6
6. Ce2 e6
7. O-O Be7
8. f4 Фc7
9. Bf3 O-O
10. X1 Kbd7
11. g4 Kb6
12. g5nfd7
13. Cg2 Лb8
14. Фh5 g6
15. Фh4 Лe8
16. f5 exf5
17. exf5 Фc5
18. fxg6 hxg6
19. Ce3 Фe5
20. Rae1 Qh8
21. Фf4 Ke5
22. Kf3 Kbc4
23. Kxe5 Kxe5
24. Cd4 Ce6
25. Rxe5 dxe5

26. Cxe5 Фh7
27. Ke4 Лbd8
28. Kf6+ Cxf6
29. gxf6 Cd5
30. Cc3 Cxg2+
31. Kpxg2 Лe2+
32. Лf2 Лxf2+
33. Фxf2 Фh5
34. Фe3 Фg4+
35. Kpf2 Фf5+
36. Kpg3 Фe6
37. Фh6 Фe3+
38. Фxe3 Лd1
39. Фe8+ Kph7
40. Фxf7+ Kph6
41. Фf8+ Kph5
42. Фh8+ Kpg5
43. Фh4+ Kpf5
44. Фg4#

1-0

В этой партии агрессивная игра и глубокая подготовка Каспарова позволили ему провести ошеломительную комбинацию, оставив Топалова без защиты. Игра славится блестящей и нестандартной игрой, особенно решением Каспарова пожертвовать материалом ради решающей атаки.

Владимир Крамник Чемпион мира по шахматам 2000-2006 гг.

Владимир Крамник, родился 25 июня 1975 года, российский гроссмейстер и бывший чемпион мира по шахматам. Крамник, известный своим глубоким стратегическим пониманием и твердой позиционной игрой, оказал значительное влияние на современные шахматы.

Основные моменты карьеры:

Чемпион мира по шахматам: Крамник стал чемпионом мира по классическим шахматам в 2000 году, победив Гарри Каспарова в матче, положив конец 15-летнему правлению Каспарова. Крамник удерживал титул до 2006 года.

Единый чемпион мира по шахматам: В 2006 году Крамник уступил титул Вишванатану Ананду в матче, объединившем титулы чемпиона мира по классическим шахматам и чемпионата мира ФИДЕ. После этого периода Крамник оставался одним из лучших игроков мира.

Заметные победы: Крамник победил многих элитных игроков мира, в том числе Гарри Каспарова, Веселина Топалова и Вишванатана Ананда. Его игра характеризуется твердым оборонительным подходом и исключительными навыками игры в эндшпиле.

Выход на пенсию: Крамник ушел из классических шахмат в 2019 году, но продолжает активно заниматься различной деятельностью, связанной с шахматами, включая комментарии и выставки.

Самая известная игра:

Одна из самых известных партий Крамника — победа над Гарри Каспаровым.

Обозначение матча Крамника против Каспарова, чемпионат мира по шахматам 2000 г., партия 2:

1. e4 c5
2. Kf3 d6
3. d4 cxd4
4. Kxd4 Kf6
5. Kc3 a6
6. Cg5 e6
7. f4 Be7
8. Фf3 Фc7
9. O-O-O Nbd7
10. g4 O-O
11. h4 Лb8
12. Cxf6 Kxf6
13. g5 Kd7
14. h5 b5
15. g6 h6
16. gxf7+ Лxf7
17. Kxe6 Фa5
18. Фg3 Kc5
19. Kxc5 dxc5
20. Фxb8 Лf8
21. Фe5 Cf6
22. Фxc5 Cxc3
23. Фxc3 Фxa2
24. Лg1 Фf7

25. Cd3 Фxf4+
26. Kpb1 Cg4
27. Лdf1 Фg5
28. Лxf8+ Kpxf8
29. Фb4+ Kpg8
30. Фd6 Фxh5
31. Фd8+ Kph7
32. e5+ g6
33. Фe7+ Kpg8
34. Фd8+ Kph7
35. Фe7+ Kpg8
36. Лf1 Cf5
37. Фe8+ Kpg7
38. Cxf5 gxf5
39. Фxh5 Kph7
40. Фf7+ Kph6
41. Лg1 f4
42. Фg7+ Kph5
43. Фg5#

1-0

В этой партии Крамник продемонстрировал свою глубокую подготовку и стратегическое мастерство, переиграв Каспарова в сложной позиции. Его точная игра и понимание позиции позволили ему добиться решающей победы, что стало решающим фактором в победе на чемпионате мира.

Вишванатан Ананд, чемпион мира по шахматам 2007–2013 гг.

Вишванатан Ананд, родившийся 11 декабря 1969 года в Ченнаи, Индия, является известным шахматным гроссмейстером и бывшим чемпионом мира по шахматам. Ананд, известный своим быстрым и интуитивным стилем игры, на протяжении десятилетий был заметной фигурой в шахматном мире.

Основные моменты карьеры:

- **Чемпион мира по шахматам:** Ананд выиграл чемпионат мира ФИДЕ по шахматам в 2000 году, став абсолютным чемпионом мира по шахматам в 2007 году и успешно защитил свой титул в 2008, 2010 и 2012 годах.

- **Заметные достижения:** Ананд был первым индийцем, выигравшим чемпионат мира по шахматам, и пятикратным чемпионом мира. Он также неоднократно выигрывал несколько престижных турниров, в том числе турнир в Линаресе и турнир Корус.

- **Олимпиадный успех:** Ананд представлял Индию на многочисленных шахматных олимпиадах и внес значительный вклад в успехи Индии на этих соревнованиях.

- **Выход на пенсию:** Ананд остается активным игроком и комментатором, внося свой вклад в шахматы посредством различных мероприятий и продвигая игру по всему миру.

Самая известная игра:

Одна из самых известных партий Ананда - его победа над Веселином Топаловым в матче на первенство мира по шахматам 2008 года в Бонне, Германия, особенно во второй игре. Эта партия славится блестящей атакующей игрой Ананда и его острой тактической осведомленностью.

Ананд - Топалов, Чемпионат мира по шахматам 2008, партия 2:

1. e4 e5
2. Kf3 Kc6
3. Б65 a6
4. Ba4 Nf6
5. O-O Be7
6. Ле1 b5
7. Cb3 d6
8. c3 O-O
9. h3Nb8
10. d4 Kbd7
11. К6д2 c5
12. a4 Cb7
13. Cc2 Ле8
14. d5 c4
15. Kf1 Kc5
16. Kg3 Cf8
17. Kx2 g6
18. Фf3 Cg7
19. Bg5 h6
20. Be3NFD7
21. День 4 ч5
22. Kh6+ Cxh6

23. Cxh6 Φf6
24. Φe2 h4
25. Kf1 g5
26. Φh5 Φg6
27. Φxg6+ fxg6
28. Cxg5 Λf8
29. Ke3 Λf7
30. Cxh4 Paf8
31. axb5 axb5
32. Pa7HΦ6
33. f3 Kh5
34. Kg4 Kf4
35. Kh2 Nfd3
36. Cxd3 Kxd3
37. Λb1 Kf4
38. Λa5 Cc8
39. Λxb5 Cxg4
40. hxg4 Rh7
41. g3 Kd3
42. Kpg2 Λxf3
43. Kpxf3 Λf7+
44. Kpe3 g5
45. Λb8+ Kpg7
46. Cxg5 Λf2
47. Rh1 Rxb2
48. Rhh8 Rxb8
49. Λxb8 Kpf7
50. Λb7+ Kpg6
51. Be7 Kc5
52. Cxd6 Kxb7
53. Cxe5 Kpf7
54. Kpd4 Ka5

55. g5 Kb3+
56. Kxc4 Nd2+
57. Kpd3 Kf3
58. Bf4 Ke1+
59. Kpd4 Kf3+
60. Kpc5 Kd2
61. e5 Ke4+
62. Kpd5 Kxc3+
63. Kpd6 Ke4+
64. Kpd7 Kc5+
65. Kpc8 Ke6
66. Kpd7 Kpf5
67. g6 Kpg4
68. Kxe6 Kh3
69. g7 Kpg4
70. g8=Ф+ Kpf3
71. Фf7 Kpe4
72. Kpd7 Kpd3
73. Фd5+ Kpc3
74. Фe4 Kpb3
75. Фe3+ Kpb4
76. Фd3 Фa4
77. Фc2+ Kpb5
78. Фd3+ Kpb4
79. Kpc6 Kpa4
80. Фc3 Kpa3
81. Kpc5 Kp4
82. Qb4#

1-0

В этой партии динамичная и агрессивная игра Ананда привела к красивому эндшпилю, продемонстрировав свое исключительное тактическое мастерство и понимание сложных позиций. Его победа сыграла решающую роль в обеспечении ему титула чемпиона мира.

Магнус Карлсен, чемпион мира по шахматам 2013-2023 гг.

Магнус Карлсен, родившийся 30 ноября 1990 года в Тонсберге, Норвегия, — норвежский гроссмейстер по шахматам, широко известный как один из величайших шахматистов всех времен. Карлсен, известный своим глубоким позиционным пониманием, мастерством в эндшпиле и универсальностью, оказал значительное влияние на современные шахматы.

Основные моменты карьеры

Чемпион мира по шахматам: Карлсен стал чемпионом мира по шахматам в 2013 году, победив Вишванатана Ананда. Он успешно защищал свой титул в 2014, 2016, 2018 и 2021 годах. В 2023 году он уступил титул Яну Непомнящему.

Рейтинги ФИДЕ: Карлсен достиг самого высокого рейтинга ФИДЕ в истории, достигнув пика в 2882 в 2014 году.

Известные турниры: Карлсен выиграл множество престижных турниров, в том числе Кубок Синкфилда, шахматный турнир Tata Steel и London Chess Classic.

Универсальность: Он известен своей способностью преуспеть на всех этапах игры, включая классический, рапид и блиц.

Самая известная игра:

Одна из самых известных партий Карлсена — победа над Вишванатаном Анандом в пятой партии чемпионата мира по шахматам 2014 года. Эта партия славится исключительной техникой

Карлсена в эндшпиле и его способностью превратить небольшое преимущество в выигрышную позицию.

Карлсен против Ананда, чемпионат мира по шахматам 2014, партия 5:

1. e4 e5
2. Kf3 Kc6
3. Б65 a6
4. Ba4 Nf6
5. O-O Be7
6. Ле1 b5
7. Cb3 d6
8. c3 O-O
9. h3Nb8
10. d4 Kbd7
11. Кбд2 c5
12. d5 c4
13. Cc2 Kc5
14. Kf1 Cd7
15. Kg3 Ле8
16. Kx2 g6
17. f4 exf4
18. Cxf4 Cf8
19. Фf3 h6
20. h4 h5
21. Cg5 Cg7
22. Лf1 Ле5
23. Cxf6 Cxf6
24. Фxf6 Фxf6
25. Лxf6 Rae8
26. Раф1 P8e7

27. Kf3 Лxe4
28. Kxe4 Kxe4
29. Cxe4 Лxe4
30. Лxd6 Cg4
31. Kg5 Лe2
32. Лxf7 Лxb2
33. Лd8# 1-0 **1-0**

В этой партии Карлсен продемонстрировал свое исключительное мастерство в эндшпиле и точный расчет. Несмотря на, казалось бы, спокойное начало игры, он добился небольшого, но устойчивого преимущества, которое точной игрой превратил в решающую победу. Эта партия демонстрирует способность Карлсена сокрушать противников и находить шансы на победу в, казалось бы, равных позициях.

Дин Лижэнь, чемпион мира по шахматам с 2023 г. по настоящее время.

Дин Лижэнь, родился 24 октября 1992 года в Вэньчжоу, Китай, — китайский гроссмейстер по шахматам, ставший чемпионом мира по шахматам в 2023 году. Дин, известный своей глубокой подготовкой и солидной тактической игрой, был заметной фигурой в международных шахматах.

Основные моменты карьеры:

Чемпион мира по шахматам: Дин Лижень выиграл чемпионат мира по шахматам в 2023 году, победив Яна Непомнящего в матче, который дошел до тай-брейка. Его победа стала значительным достижением в его карьере и сделала его первым китайским игроком, обладателем титула.

Высший рейтинг ФИДЕ: Дин Лижэнь неизменно входил в число лучших игроков мира, достигнув максимального рейтинга ФИДЕ 2816.

Известные турниры: Дин выиграл несколько престижных турниров, в том числе турнир претендентов 2022 года, что обеспечило ему место в матче на первенство мира. Он также выиграл Кубок Синкфилда и шахматный турнир Tata Steel.

Успех турнира: Известный своими сильными выступлениями как в классических, так и в быстрых форматах, Дин Лижень был ключевым игроком в командных соревнованиях Китая, способствуя их успехам на шахматных олимпиадах и других международных соревнованиях.

Самая известная игра:

Одна из самых заметных партий Дин Лижэня — его победа над Яном Непомнящим в четвёртой игре матча на первенство мира по шахматам 2023 года. Эта игра особенно славится точной игрой Дина и его способностью извлечь выгоду из небольшого преимущества и обеспечить решающую победу.

Лижень - Непомнящий, Чемпионат мира по шахматам 2023, партия 4:

1. e4 e5
2. Kf3 Кс6
3. Б65 а6

4. Ba4 Nf6
5. O-O Be7
6. Λe1 b5
7. Cb3 d6
8. c3 O-O
9. h3Nb8
10. d4 Kbd7
11. Кбд2 c5
12. d5 c4
13. Cc2 Kc5
14. Kf1 Cd7
15. Kg3 g6
16. Ch6 Λe8
17. Фd2 Фc7
18. Kh2 a5
19. a3 б4
20. axb4 axb4
21. cxb4 Rxa1
22. Λxa1 Kb3
23. Cxb3 cxb3
24. Фd3 Фb7
25. Фxb3 Λb8
26. Λa4 Cxa4
27. Фxa4 Фa8
28. Фb3 Фa1+
29. Khf1 Kd7
30. Cd2 Kb6
31. Фc2 Λc8
32. Фd3 Фxb2
33. Kph2 Kc4
34. Be3 Фxb4
35. Kd2 Kxd2

36. Cxd2 Φc4
37. Φe3 Φd4
38. Φh6 Φxf2
39. Ce3 Φf6
40. Kh5 Φh8
41. Cg5 gxh5
42. Cf6 Cxf6
43. Φxf6 Φg7
44. Φf5 Λe8
45. Φd7 Φf8
46. Φf5 Φh6
47. Φd7 Φf4+
48. Kph1 Λb8
49. Φc7 Λa8
50. Φb7 Λa1
51. Φc8+ Kpg7
52. Φc3 Λf1
53. Φd3 Φf2
54. Kh2 Qg1+
55. Kpg3 Φf2+
56. X2 Pr1
57. Φf3 Φxf3
58. gxf3 Λf1
59. Kg2 Λc1
60. Kpf2 Λc2+
61. Kpe3 b3
62. Kpd3 Λc1
63. Kpd2 b2
64. Kd3 b1=Φ+
65. Kpe2 Λe1+
66. Kpf2 Λf1+
67. Kpg2 Φe1

68. h4 Фf2+
69. X3 Лг1
70. f4 Фg3#

1-0

В этой игре Дин Лижэнь продемонстрировал свою исключительную тактическую осведомленность и навыки эндшпиля. Его точные расчеты и стратегическое маневрирование позволили ему получить решающее преимущество и в конечном итоге выиграть игру. Эта победа сыграла решающую роль в обеспечении ему титула чемпиона мира по шахматам.

About the Author

Dr. Robert H. Stauffer Jr. is a renowned physics educator, author, and columnist. He has written numerous books, including The World Chess Champions. Driven by his passion for the game, Dr. Stauffer authored this book to share his love of chess with players of all ages and skill levels, helping them improve their understanding and enjoyment of the game.

www.ingramcontent.com/pod-product-compliance
Lightning Source LLC
LaVergne TN
LVHW040948150826
845672LV00002B/581

* 9 7 9 8 2 3 0 9 7 4 5 0 5 *